Hameln • Bilder zur Erinnerung • 1920–1970

Hameln

Bilder zur Erinnerung 1920–1970

mit einer Einleitung und Bildtexten von Norbert Humburg

Verlag CW Niemeyer Hameln

Gesamtherstellung CW Niemeyer, Hameln
Printed in Germany
ISBN 3-87585-056-4

Vorwort des Verlages

Liebe Heimatfreunde und Leser!

Der erstmals 1977 erschienene Album-Band „Hameln damals" hatte eine so gute Aufnahme gefunden, daß im Herbst 1981 eine unveränderte zweite Auflage erforderlich wurde. Im Vorwort dieser zweiten Auflage hatten wir Ihnen einen Folgeband angekündigt. Wir freuen uns, diesen neuen Band nun vorlegen zu können und wären Ihnen dankbar, wenn Sie ihn nicht nur zu Ihrer persönlichen Erinnerung an das Hameln von gestern erwerben, sondern auch zu einer weiteren Verbreitung beitragen würden, indem Sie den Band als Geschenk an Freunde und frühere Bürger unserer Stadt im In- und Ausland versenden.
Während „Hameln damals" vorwiegend Bilder vom Ausgang des 19. und Anfang des 20. Jahrhunderts enthielt, an welche nur die älteren unserer Mitbürger sich noch erinnern konnten, sind die Bildmotive in diesem neuen Band „Hameln 1920–1970" auch der jüngeren Generation noch bewußt und in lebendiger Erinnerung. Es sind Ansichten, Gebäude, Straßenzüge und Personen, die wir noch kennen, die sich aber inzwischen verändert haben. Dennoch bedarf es hier und da der textlichen Aufklärung und Unterstützung, um sich in eine Zeit zu versetzen, die so lange noch gar nicht zurückliegt.
Auch bei der Auswahl dieser Bilder, von denen uns viele aus Privatbesitz zur Verfügung gestellt worden sind, war nicht die Bildqualität entscheidend. Wenn weniger gute Vorlagen besondere Charakteristika unserer Stadt zum Gegenstand hatten, wollten wir auf ihre Wiedergabe nicht verzichten.
Wir wünschen Ihnen Freude bei dieser Erinnerung an das Hameln von gestern.

Hameln, im September 1983

Die Verleger:

G. Niemeyer G. Niemeyer jun.

Bilder zur Erinnerung

Hameln 1920 bis 1970 – ein halbes Jahrhundert, das aus wirtschaftlicher Not durch die Schrecken des Krieges in eine Zeit des Wohlstandes führte, der inzwischen auch schon wieder zu verblassen droht. Was die große Weltgeschichte bewegt, bestimmt schließlich auch die Entwicklung der kleinen Welt einer Stadt wie Hameln.

Als 1929 eine Beschreibung unserer Stadt als Band 33 der Reihe „Monographien deutscher Städte" erschien, war Hameln mit 27 000 Einwohnern die kleinste im Kreise der hier dargestellten Gemeinden. Damals stand sie „vor einer Fülle kommunaler Aufgaben: Der bevorstehende Bau einer neuen Weserbrücke und Schleppzugschleuse, die wahrscheinliche Vermehrung der Garnison, die Weserkanalisierung, die Wesertalbahn, die Restaurierung des Hochzeitshauses, der Neubau einer Volksschule, die Regelung des Schullastenausgleichs, die Verbreiterung der ‚Kneifzange' in der Bäckerstraße und Fragen der Eingemeindung" bewegten Bürgerschaft, Rat und Verwaltung und ließen nicht zuletzt wachsende finanzielle Belastungen sichtbar werden.

Brückenbau und Schiffahrt, Verkehrsprobleme und Restaurierungen, Schulbau und Eingemeindungen – die Positionen des Kataloges von 1929 lassen sich, nach soviel Jahren, durchaus und immer noch mit denen des Jahres 1970, ja mit denen heutiger Aufgabenpakete vergleichen!

Der Beginn des 19. Jahrhunderts hatte eine in der Baugeschichte der Stadt Hameln einmalige Zäsur beschert: Die Schleifung der Festungsanlagen, von Kaiser Napoleon befohlen und 1808 konsequent durchgeführt, ermöglichte die allmähliche Bildung einer Neustadt. Die einengenden Wälle, Gräben und Schanzen, die ein Ausweiten bisher verhindert hatten, waren verschwunden. Eine Umgestaltung der früheren Wehranlagen zu einem Promenadenring, wie ihn andere Städte aufweisen können, war jedoch nicht möglich, weil der kaiserliche Schleifungsbefehl keine Rücksichten auf städtebauliche Vorstellungen nahm.

Immerhin wußte der damalige Bürgermeister Domeier die Situation zu nutzen, indem er der Stadt vier große Ausfallstraßen gab.

Innerhalb der Altstadt verschwanden zwischen 1870 und dem Ausbruch des Ersten Weltkrieges etliche Häuser, die drei- oder vierstöckigen Geschäfts- und Miethäusern Platz machen mußten. Diese Entwicklung hat kaum eine der Altstadtstraßen verschont. Die Kriegsjahre haben dieses Vorgehen unterbrochen, und spätere Jahre brachten die Erkenntnis mit sich, daß Bauvorhaben in historischer Umgebung mit kritischen Augen geprüft werden müssen.

Selbstverständlich blieb auch der Weg über die Weser, die Brücke, von den neuen Entwicklungen nicht ausgenommen. Zu Anfang des 19. Jahrhunderts wurde die alte Steinbrücke durch eine weitgespannte Holzkonstruktion ersetzt, die eine größere Durchfahrtsweite aufwies. 1839 trat an ihre Stelle eine Hängebrücke, die bis 1890 den Verkehr über den Fluß führte, und 1931 schließlich wurde eine moderne Eisenbetonbrücke dem Verkehr übergeben, die zum Teil heute noch als Münsterbrücke die Ufer verbindet. Seit 1975 wird sie von einer zweiten Weserbrücke entlastet, die vor allem den Durchgangsverkehr um die Stadt herumleitet.

Die Bebauung außerhalb des Altstadtringes vollzog sich nicht nach Plan und Grundsatz. Es scheint, als ob die Bauten ohne Bezug aufeinander mitten in die grüne Wiese hineingestellt wurden – Fabriken, Wohngebäude, Wohnblocks, Schulen. Die städtebauliche Entwicklung war durch Klein-Parzellierung außerordentlich erschwert: Die für eine Bebauung in Frage kommenden Grundstücke waren größtenteils als Gärten genutzt, die meist seit Generationen in festem Besitz waren. Es schien damit fast unmöglich, geschlossene Siedlungen anzulegen. Tatsächlich haben diese Hindernisse, die einer planmäßigen Bebauung im Wege standen, heute noch sichtbare Spuren hinterlassen.

In den siebziger Jahren des 19. Jahrhunderts hatte der Eisenbahnbau auch Hameln erreicht; der außerhalb des Weichbildes angelegte Bahnhof blieb indessen nicht lange allein – er wurde schnell von der wachsenden Stadt erreicht und einbezogen. Gegen Ende des Jahrhunderts hatten auch die Mühlenindustrie und die Weserschiffahrt neue Blütezeiten zu verzeichnen und das Ihrige zur Belebung der Wirtschaft – und zur Veränderung des Stadtbildes beigetragen, zumal die Ansiedlung weiterer Industrien ihrem Beispiel folgte.

Hier wie überall unterbrachen die Kriege die wirtschaftlichen und städtebaulichen Entwicklungen. Der Zweite Weltkrieg verschonte zwar zunächst die Altstadt, doch waren zwischen Mai 1940 und April 1945 immer wieder Bombenangriffe hinzunehmen, die Hunderten von Menschen das Leben kosteten und durch die mehr als 700 Wohnhäuser beschädigt oder gar zerstört wurden. In den letzten Kriegstagen nahmen die alliierten Truppen die Stadt infolge ihrer unsinnigen Übergabeverweigerung unter Artilleriebeschuß, dem unter anderem das Alte Rathaus und die Marktkirche zum Opfer fielen. Lange blieben diese Wunden sichtbar – das Alte Rathaus ist nicht wiedererstanden, und erst am 6. Dezember 1959 konnte die Marktkirche St. Nicolai wieder geweiht werden und mit dem nach dem Original von 1511 wiedererrichteten schlanken Turmhelm die Mitte der alten Stadt neu sichtbar machen.

Durch die Verluste der oft planlosen, manchmal hektisch erscheinenden Bauwut des ausgehenden 19., beginnenden 20. Jahrhunderts und des Weltkrieges gewarnt, begegnete die Bürgerschaft der beginnenden Altstadtsanierung zurückhaltend, ja oft ablehnend. Die schließlich doch zustande gekommene kritische Mitwirkung der Hamelner aber hat wesentlich dazu beigetragen, daß das 1967 vom Rat beschlossene Sanierungsprogramm in Gang kam. Von einigen vielleicht vermeidbaren

Abbrüchen und manchen nicht unbedingt gelungen erscheinenden Neubauten abgesehen, haben die Sanierungsmaßnahmen zu einem beispielhaften Ergebnis geführt – über das Jahr 1970 hinaus!
Diese Entwicklung mit rund hundert Bildern zu dokumentieren, kann nur ein Versuch sein. Häufig fehlen Fotodokumente oder sind von so schlechter Qualität, daß eine Reproduktion nicht empfehlenswert erschien. Daß trotzdem eine repräsentative Auswahl möglich wurde, ist der unermüdlichen Sammelarbeit des Herrn Rudolf Crückeberg zu verdanken, dessen Leistung deshalb an dieser Stelle anerkennend erwähnt werden muß!

Bildredaktion: Rudolf Crückeberg

Zahlreiche Fotos wurden uns freundlicherweise für diesen Band zur Verfügung gestellt.

Wir danken: Herrn H. J. Bäkmann, Hess. Oldendorf 4; Herrn R. Eichenberg, Hameln; Herrn Fr. Bauer, Hameln; Herrn J. Bültemeier, Hameln; Herrn P. Lehmann, Hameln; Herrn M. Kolle, Hameln; Herrn M. Nöth, Hameln; Photo-Opitz, Hameln; Photo-Pracht, Hameln; Stadtarchiv Hameln; Stadtbildstelle Hameln; Stadthochbauamt und Abt. Altstadtsanierung, Hameln.

1
Luftbild der Altstadt; in der Mitte die Marktkirche zwischen Pferdemarkt und Osterstraße. Das Hochzeitshaus wurde seinerzeit (1930/32) umgebaut, weil es nach dem Auszug der Stadtsparkasse, die in der ehemaligen Garnisonkirche ihr neues Domizil gefunden hatte, die Stadtverwaltung aufnehmen sollte. – Auf dem Gelände jenseits des Kastanienwalles, nördlich der Deisterallee, dehnte sich das Stadion aus. Der anschließende Bereich – Sedan-, später Rathausplatz – wurde noch von einer Baumallee durchzogen. Erst 30 Jahre später, 1961, wurde das Stadion geschlossen und an seiner Stelle der Bürgergarten angelegt, der zusammen mit einer Gartenbauausstellung in der Weserbergland-Festhalle am 5. Mai 1962 eröffnet wurde.

◁ 2
Die Weserpromenade um 1968: Blick auf die Handels-Lehranstalten und die Türme der Münsterkirche St. Bonifatii.

3
Hamelns ehrwürdigstes Baudenkmal, die Münsterkirche St. Bonifatii, erhebt sich dort, wo Mönche aus Fulda die Urzelle der Stadt gründeten. Die Kirche war zu Beginn des 19. Jahrhunderts stark baufällig geworden, so daß sogar an einen Abbruch gedacht wurde. Erst 1870/75 konnte eine gründliche Renovierung durchgeführt werden. Die Glocken des neu erstandenen Gotteshauses stiftete im Jahre 1921 die Familie Meyer-Hermann; die Einbringung der größten zeigt das Foto.

4
Auf dem Münsterkirchhof steht angesichts der Bonifatiuskirche das Denkmal des Pastors Senior Schläger (1781–1869), der sich wesentlich für die Restaurierung des Gotteshauses eingesetzt hatte. Diese wurde 1870/75 unter Leitung des hannoverschen Baumeisters Conrad Wilhelm Hase durchgeführt, der bei der Erneuerung der Nordwand die Eingänge und das Rundfenster in neugotischem Stil schuf.

5
Nördlich der Bonifatiuskirche präsentierte sich am Münsterkirchhof 11 das Hotel und Restaurant „Unter den Linden“.

6
Vom Wall her präsentiert sich vor allem der 1744 mit barocker Haube gekrönte achteckige Vierungsturm der Münsterkirche. Das benachbarte Gebäude rechts, 1946/50 erbaut, diente als Lehrerseminar, Mittel- und Berufsschule. Heute befindet sich hier die Frauenfachschule.

7/8
Geradezu wie ein Stadtpalais bot sich die Fassade des Mittel- und Berufsschulgebäudes am Münsterwall; schräg gegenüber zeigte das Anlegerhäuschen seine schmucke Kehrseite.

9
Auf der grünen Wiese entstanden damals viele Bauten – ohne Nachbarn und Gegenüber stand lange Zeit die Mittelschule an der Lohstraße, die, 1873 begründet, 1913 ihr neues Haus beziehen konnte. Als sie 1948 ihr 75jähriges Bestehen feierte, erhielt sie den Namen „Wilhelm-Raabe-Schule“.

10/11
Am 6. März 1931 präsentierten sich die ersten Abiturientinnen der Viktoria-Luise-Schule stolz dem Fotografen. Das O-L-H auf den Mützen weist sie als Schülerinnen des Ober-Lyzeums Hameln aus.

12
Auf ältere Tradition bezieht sich die „Oberschule für Jungen“, die 1897 ihr Gebäude an der Gröninger Straße bezog und anläßlich des 50jährigen Bestehens im Jahre 1947 den Namen „Schiller-Schule“ erhielt.

13
Gruppenbild mit Lehrer – Anno 1927!
Text auf der Rückseite des Fotos:
1. Reese, 2. Gödeke, 3. Bertram, 4. Peter, 5. Habermann, 6. Pflüger, 7. Toporski, 8. Günther, 9. Kyrieleis, 10. Viebrok, 11. Ossenkopp, 12. Grube, 13. Stapenhorst, 14. Günter, 15. Thomas, 16. Stapel, 17. Ronigkeit, 18. Kater, 19. Lüssenhop, 20. Conrad, 21. Barchent, 22. Welge, 23. Neumann, 24. Matthesius, 25. Lücke, 26. Günter, 27. Oberstudienrat Tewes. H. Meyer hat gefehlt, Arnecke hat geknipst.

14
Um 1939 war das Haus Ostertorwall Nr. 35 B noch das Hotel „Hamelner Hof".

15
Winter in Hameln – An der Kreuzung Ostertorwall–Osterstraße–Deisterallee warten frierende Passanten auf die Freigabe des Überweges, die noch um 1970 per Knopfdruck von einem im Glashäuschen links postierten Beamten geregelt wurde.

16
An der Ecke Osterstraße–Ostertorwall, gegenüber der Garnisonkirche, war das bekannte „Thiemanns Hotel“ etabliert, eine auch als Treffpunkt beliebte Örtlichkeit.

17
Nach Paderborn, Kassel oder Minden fuhr man noch mitten durch die Stadt, vorbei an der Garnisonkirche mit dem „Grünen Reiter“, der einer in den zwanziger Jahren sehr regen Vereinigung von Kunsthandwerkern den Namen gab.

18
Das Rattenfängerhaus (1610/12) zeigt in seiner prächtigen Fassade die architektonischen Merkmale und die Schmuckformen der Weserrenaissance wie die aufgeschlagene Seite eines Musterbuches. Sein älterer Nachbar zur Linken, ein gotisches Steinhaus, wurde schon früh abgebrochen und hat keinen würdigen Nachfolger gefunden.

19
Von schlichten Nachbarn flankiert, demonstrieren zwei Vertreter der Weserrenaissance den Sonderstil unserer Landschaft – und den Repräsentationswillen der bürgermeisterlichen Bauherren. Das traufenständige Stiftsherrenhaus (1588) und das Leisthaus (1585), das seinen bunten, reichgeschmückten Giebel der Straße zuwendet, dienen heute als Museumsgebäude.

20
Im altehrwürdigen Stiftsherrenhaus an der Osterstraße, in dem damals auch das städtische Verkehrsamt untergebracht war, wurde im Krieg eine Sammelstelle für Metallspenden eingerichtet.

21
Ein Blick in das Lager der Metallspendestelle zeigt, daß auch wertvolle Antiquitäten abgegeben wurden.

22
Selbst schmiedeeiserne Vorgartengitter gingen in jener Zeit den Weg allen entbehrlich erscheinenden Metalls …

23/24
Die Lebensmittelverknappung bewirkte strenge Rationalisierungsmaßnahmen und die Einführung eines Bezugskartensystems. Zusätzlich galt es noch, lange „Schlange“ zu stehen, ehe man seine knapp bemessene Ration in Empfang nehmen konnte.

5g FETT 11 109
Z 11 LEA Hessen 901
Z 11 LEA Hessen 902
Z 11 LEA Hessen 903
Deutschland
US- und britische Besatzungszone
LEA HESSEN
bensmittelkarte
wachsene über 20 Jahre
E 109 =
8.12.1947 bis 4.1.1948
FLEISCH 11/109 3
100 g Fleisch 11/109 I
L 11 LEA Hessen 910
L 11 LEA Hessen 911
Deutschland
amerikanisches und britisches Besatzungsgebiet
M
105/108
Seifenkarte
für Männer über 18 Jahre
Name
Wohnort
Straße
Nr.
90 Lose Abschnitte werden nicht beliefert, abhanden gekommene Karten werden nicht ersetzt!
XIa № 520654
Zweite Reichskleiderkarte
für Frau Fräulein
Wohnort
Wohnung
(Mit Tinte auszufüllen)
Die Karte gilt bis 31. August 1941; sie ist nicht übertragbar.
Fett 11/109 B
Fett 11/109 A
50 g Fett 11/109 I
Käse
E 11 LEA Hessen 907
L 41 LEA Hessen 707
L 41 LEA Hessen 708
41
Deutschland
US- und britische Besatzungszone
LEA HESSEN
SV 107 =
Vollselbstversorger
über 20 Jahre
vom 13.10.1947 bis 9.11.1947
Name
Wohnort
Straße
Lose Abschnitte sind ungültig
Bei Verlust der Karte kein Ersatz
Das LWA für Hessen
Rasierseifenkarte
(ab Mai 1947)
für männliche Verbraucher über 18 Jahre
Name
Wohnort
Straße
Lose Abschnitte sind ungültig!
1/2 Normalstück Rasierseife D
Gültig nach Aufruf LWA für Hessen
1/2 Normalstück Rasierseife B
1/2 Normalstück Rasierseife C

25/26
Das Infanterie-
regiment 74 kehrt
1940, hoch zu Roß oder
brav zu Fuß, mit klin-
gendem Spiel in
seine Garnison
Hameln zurück.

27/28
In den Jahren 1942/43 wurden in den Krankenhäusern und fast allen Schulen der Stadt Lazarette für die Verwundeten vor allem des Ostfeldzuges eingerichtet. Auf dem Bahnhofsplatz wurde die Aufteilung auf die einzelnen Häuser vorgenommen.

29
Um 1945 wurde in der Turnhalle an der Bäckerstraße die Volksküche eingerichtet – einfach, aber zweckmäßig.

30
Vom Stiftsherrenhaus zum Hochzeitshaus wandert der Blick die Osterstraße hinauf, die um 1955 noch in beiden Richtungen befahren wird – die alten VW-„Käfer“, deren erster 1941 vom Band lief, sind noch munter dabei.

31
Die Osterstraße wird vom durchaus noch mäßigen Verkehr in beiden Richtungen befahren. Das Foto entstand in den vierziger Jahren: Das Hotel Sonne (rechts) steht noch, die Neurenaissancefassade des Postgebäudes 18 … (hinten links) zieren historische Schmuckformen, der „Grüne Reiter“ der ehemaligen Garnisonkirche bildet den Abschluß.

32
Der Artilleriebeschuß des Jahres 1945 hat auch die Ansicht der Osterstraße, wie sie hier etwa um 1930 sich bot, verändert – vier Häuser, darunter auch das Hotel Sonne, wurden zerstört.

33
Den Schnittpunkt der beiden Hauptstraßen, Bäcker- und Osterstraße, markierte das Alte Rathaus, ein nach dem Siebenjährigen Kriege erneuerter schlichter Rokokobau, der nach der Zerstörung im Jahre 1945 abgetragen wurde.

34
An den Bäcker-
scharren, einst zwi-
schen Altem Rathaus
und Hochzeitshaus
eingefügt, erin-
nern nur noch zwei
originale Steinplatten,
die heute in die west-
liche Giebelwand
des Hochzeitshauses
eingelassen sind.

35
Unbeschadet hat das Hochzeitshaus, das Festhaus der Bürgerschaft, die Zeiten überdauert. Um 1930 ist der östliche Eingang noch geöffnet.

36
Das Herz der Altstadt mit Hochzeitshaus, Bäckerscharren, Altem Rathaus und Marktkirche war um 1940 noch unversehrt.

37
Auch in Hameln schlug der Krieg schwere Wunden. Zwischen Mai 1940 und April 1945 fanden immer wieder Bombenangriffe statt, kamen Hunderte von Menschen ums Leben, wurden mehr als 700 Wohnhäuser beschädigt oder zerstört. In den letzten Kriegstagen wurde die Stadt infolge ihrer Übergabeverweigerung unter Artilleriebeschuß genommen, dem unter anderem das Alte Rathaus, die Marktkirche und die Osterstraßenhäuser zwischen „Sonne" und „Börse" zum Opfer fielen.

38 ▷
Der Turm der schwer getroffenen Marktkirche wurde völlig zerstört und konnte erst 1957/59 wiedererrichtet werden.

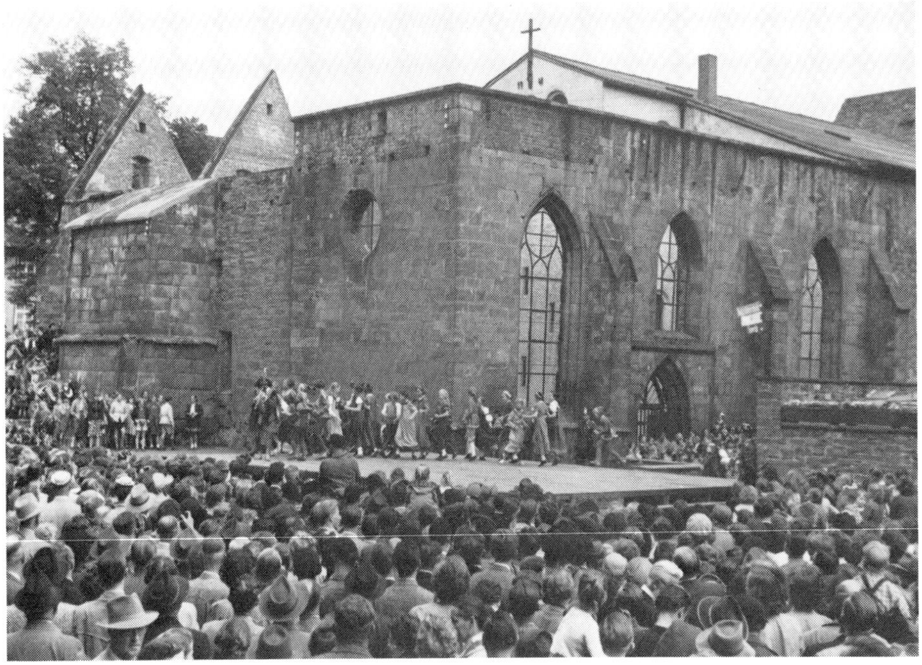

39
In der Ruine der Marktkirche St. Nicolai wurde eine Notkirche – zunächst ohne Gestühl und Orgel – errichtet, in der 1949 erstmalig wieder Christvesper und Weihnachtsgottesdienste gehalten werden konnten.

40
Lange Zeit wurde versucht, den Bäckerscharren, der seinen historischen Platz zwischen Altem Rathaus und Hochzeitshaus hatte, wiedererstehen zu lassen. 1961 und später diente seine Neugestaltung als Kulisse für die Rattenfänger-Spiele – 1964 aber wurde er wieder abgebaut.

41
Magda Fischer (gest. 8. Mai 1948) rief 1930 die Hamelner Rattenfängerspiele ins Leben und stellte auch selbst den fremden Pfeifer dar – bei anderen Gelegenheiten trat sie auch als Baron von Münchhausen auf und hatte als Rezitatorin, Sängerin und Dichterin ihr Publikum und ihre Gemeinde.

42
1930 präsentiert sich Magda Fischer mit den Tanzkindern des Rattenfänger-spiels.

Friedrich-W. Keller

◁ 43
Damals wie heute erinnerte der Pulverturm als einer der wenigen Zeugen an die Zeit, in der die Stadt noch wehrhaft befestigt war – aber schon gehören auch Schimmel, Fuhrmann und Rollwagen der Vergangenheit an.

44
Mitbürger wie „Herr Puls" gehörten auch zum Stadtbild: Mit Hund und Roß und Wagen zog er alltäglich von Gaststätte zu Gaststätte, um Speisereste für sein Borstenvieh zu sammeln …

45
Noch um 1950 waren bäuerliche Fuhrwerke – nicht nur auf dem Pferdemarkt – keine Seltenheiten in der Stadt.

46
In den fünfziger Jahren wurde der Wochenmarkt noch auf dem Pferdemarkt abgehalten.

47/48
Der Wochenmarkt begnügte sich nicht nur mit dem Pferdemarkt (oben) – mit Handwaage, Tragejoch und Sonnenschirm ausgerüstet, boten Marktfrauen in den 30er Jahren rund ums Hochzeitshaus ihre Ware feil.

49 ▷
Vorbei am gotischen Chor der Nicolaikirche schweift der Blick und trifft das prächtige Fachwerkhaus Ecke Pferdemarkt/Emmernstraße, das 1953 bei der Renovierung einen Steilgiebel erhielt.

50
Einen modernen Akzent erhielt der Übergang vom Pferdemarkt in die Ritterstraße in den Jahren 1928/29 durch den Neubau der Kreissparkasse.

51
Das Haus Ritterstraße 1 hat zwar seinen hübschen Standerker schon lange verloren und im Erdgeschoß einen Umbau hinnehmen müssen, konnte aber sonst seine Gestalt bewahren.

52
Das Nachbarhaus am Pferdemarkt wurde 1928 abgebrochen; das Haus Pferdemarkt Nr. 6 (rechts) aber blieb nahezu unverändert erhalten.

53
Giebelständige Fachwerkhäuser geben noch heute der Kreuzung Ritter-, Thietor-, Neue Tor- und Baustraße ihr Gepräge.

54/55/56
Die Thietor- (oben und rechts) und die Wendenstraße boten typische Ansichten von Altstadtstraßen mit kleinteilig gegliederten Hausfassaden.

Friseur

57/58
Die Stubenstraße ist auf diesen Bildern scheinbar noch unberührte, gemütliche Wohnstraße; das Haus ganz rechts (Nr. 16) aber scheint das ihm und seinen Nachbarn bevorstehende Schicksal des Abbruchs schon zu ahnen …

59
Auch die Zehnthofstraße wies in den dreißiger Jahren ein Gasthaus auf: Restauration und Café „Zur Gerichtslaube“, von August Schlünz betrieben. Die Rückseite des Dempter-Hauses verrät nichts von der Pracht seiner Marktfassade.

60
Bis in unsere Tage hinein gehörte die Rollfuhr mit zwei PS zum werktäglichen Straßenbild – hier vor der Kulisse des Dempter-Hauses.

61
An der Rückseite der Hauszeilen der Fischpfortenstraße ist besonders gut die unterschiedliche alte Bebauung abzulesen. Den Abschluß zur Weser hin bilden hier noch die inzwischen abgebrochenen düsteren Mühlenspeicher.

62
Die Fischpfortenstraße bietet immer ein malerisches Bild, wenn sich auch hier seit 1938 – in diesem Jahr entstand die Aufnahme – manches verändert hat. Haus Nr. 7 (links), das eine Fassadenverbretterung nach Harzer Muster aufweist, erinnert mit verwitterter Firmenbezeichnung an ein lange hier betriebenes Fuhrgeschäft – ab 1904 Spedition genannt ...

63
Flußwärts wird der Blick in die Fischpfortenstraße durch den mächtigen Block der Pfortmühle versperrt, die hier noch ihre Verbindungsbrücke zu den Speichern besitzt.

64
Die Wesermühlen nahmen unter Senator Friedrich Wilhelm Meyer (1840–1927) einen gewaltigen Aufschwung. An diese Zeit erinnert noch immer das Hochhaus der Pfortmühle aus dem Jahre 1893, in dem heute allerdings nicht mehr gemahlen, sondern mit einer leistungsstarken Turbinenanlage Betriebsstrom erzeugt wird.

65
Die Pfortmühle verfügte über einen Verladeanleger, an dem die Ladung der Frachtkähne mit Getreide-Elevatoren gelöscht wurde.

66
Die Pfortmühle war durch eine Straßenbrücke mit Speicherhäusern verbunden. Diese wurden nach der Einstellung des Mühlenbetriebes in der Altstadt im Jahre 1972 abgerissen. Ebenso mußten andere Gebäude dieser Straßenzeile, so das bekannte Hotel „Bremer Schlüssel“, moderner Wohnbebauung weichen.

67
In den fünfziger Jahren wirkte die Bäckerstraße noch wie eine „verkehrsberuhigte Zone“, in die die Renaissancefassade des alten gotischen Riecke-Hauses (Mitte rechts) ernst und gelassen hinabblickt.

68
Wie ein Ausrufezeichen betont der Turm der Marktkirche St. Nicolai die lange Zeile der Bäckerstraße.

69
Inzwischen hat sich auch diese Ansicht der Bäckerstraße gewandelt.

70
In den dreißiger Jahren schoben sich mitunter in die heitere Fachwerkwelt hier und da düstere, allzu nüchtern-zweckmäßige Ziegelbauten, hier in der Kleinen Straße.

◁ 71
Das prächtige Lemkesche Haus, Neue Marktstraße 10, mit großem Dielentor, Utlucht und vorkragenden Obergeschossen, ist leider nicht erhalten – das Bild des Jahres 1952 hat sich nachteilig verändert. Erfreulicherweise ist der viel jüngere Nachbar zur Linken – mit Ziegelsteinfassade, reichem Fensterrahmenwerk und elegantem Volutengiebel auch ein Denkmal seiner Zeit! – fast unverändert geblieben.

72
Der Typus des behäbigen Bürgerhauses mit der in die Giebelstirn gezogenen Walmdachkappe ist in der Neuen Marktstraße mehrmals vertreten, im Erdgeschoß allerdings häufig den späteren Zweckbestimmungen entsprechend umgebaut.

73
Ein weiteres köstliches Beispiel der Fachwerkarchitektur in der Neuen Marktstraße (Nr. 21) ist verschwunden. Sein Nachfolger hat wenigstens einige Erinnerungen an den Altvorderen bewahrt: Seine Fassade trägt Reste der alten Schnitzereien und die Inschrift „Das alte Haus erbaut um 1600 gab Bild und Spruch dem Bau 1936“.

74
Die Idylle aus der „guten alten Zeit" trügt: Dem Musikanten in der Alten Marktstraße geht es weniger um Romantik als um die Spendenfreudigkeit des Publikums.

75
Wer heute durch die Alte Marktstraße zur Bäckerstraße geht, kann auch hier Wandel und Bestand feststellen: Die Fachwerkwand rechts und der niedrige Zwischenbau sind verschwunden, die stattliche Rückseite des Hauses Bäckerstraße 21 hat die Jahrhunderte hingegen überdauert.

76
Am 1. 4. 1966 wurde diese Rückansicht der Kurie Jerusalem aufgenommen, des wahrscheinlich ältesten Fachwerkhauses der Stadt. Nachdem es lange Zeit unbeachtet von seiner einstigen Bedeutung geträumt hat, ist es in unseren Tagen als prämiertes Musterbeispiel gelungener Sanierung wiedererstanden.

77
Einem sonnigen Nachmittag öffnet auch ein altes Haus gern alle Fenster – hier, um 1935, in der Alten Marktstraße, die auf den Giebel der Feuerwache zuläuft.

78
Der alte Kiepehof mit mächtigem Speicherdach war einer der Adelshöfe im Wallring der Stadt. Im Laufe der Zeit wurde er als Lager- und Geschäftshaus immer weiter baulich verändert und schließlich zugunsten der Erweiterung der Feuerwache (links) abgerissen.

79/80
Ein Nebeneinander verschiedengestaltiger Häuser wie beispielsweise in der Bungelosenstraße, wie zufällig aneinandergereiht, kann keinen harmonischen Eindruck vermitteln. Wenn hier eingegriffen werden mußte, so war dies eine notwendige Operation.

81
Die Große Hofstraße bietet ein besonders bewegtes und malerisches Bild – vor allem durch die wechselnden Traufenhöhen und die kleinteilige Fassadengliederung wird dieser Effekt bewirkt.

82/83
Lange Jahrhunderte hindurch hat die Stadt nur eine Brücke über die Weser gehabt. Der traditionelle Überweg nutzte den Werder als natürlichen Brückenpfeiler. – 1931 wurde eine neue Brücke zunächst einer Belastungsprobe unterzogen (oben); der Vorgängerbau, die zweite Kettenbrücke, ist rechts noch zu sehen. Der neue Bau wurde am 12. Dezember 1931 durch den damaligen Oberpräsidenten Noske der Öffentlichkeit übergeben (unten).

84 ▷
Die 1931 errichtete Brücke wurde – vollkommen sinnlos – in der Nacht zum 5. April 1945 gesprengt. Links zeugen die Mauern der bombardierten und ausgebrannten Mühle auf dem Werder von den auch für Hameln schrecklichen Zeiten des letzten Krieges.

85 ▷
Die lebensnotwendige Verbindung mit dem anderen Ufer mußte durch eine Behelfsbrücke hergestellt werden.

86
Blick auf die Stadt vom Klüt, dem Hamelner Hausberg. Das Foto entstand zwischen 1931 und 1945 – die neue Eisengitterbrücke überspannt bereits den Fluß; die in den letzten Kriegstagen zerstörte Weizenmühle auf dem Werder aber steht noch, ebenso das Fachwerkhaus am Dampferanleger.

87 ▷
Für die Wassersportler war und ist die Weser das Feld zünftiger Wettkämpfe und beschaulicher Fahrten. Eine Regatta am 20. Mai 1929 vereinigte 100 Faltboote. Interessiertes Publikum hatte sich auch auf dem Motorschiff „Forelle“ versammelt, das von 1924 bis 1966 im Dienst der Oberweser-Dampfschiffahrt Gesellschaft fuhr. Hinter ihm, am jenseitigen Ufer, erheben sich Industriebauten, rechts der Rieselspeicher der Wesermühlen.

88
Seit 1883 betreibt die Oberweser-Dampfschifffahrt Gesellschaft Ausflugsverkehr auf der Weser – den stolzen Salondampfern folgten die modernen Fahrgastmotorschiffe. Hier passiert der 1937 in Dienst gestellte „Stör" das Haus des Ruder-Vereins Weser und das Restaurant „Felsenkeller", das, oberhalb der Pyrmonter Straße gelegen, damals viel besucht wurde.

89
Heute befahren vornehmlich Ausflugsschiffe die Oberweser; noch in der Zeit vor dem Zweiten Weltkrieg gehörten die ernsthaft-imposanten Schleppzüge zum alltäglichen Bild. Hier gibt der Radschlepper „Bremen“ mit fünf Lastkähnen der großartigen Landschaft des Weserbogens zwischen Hameln und Ohr den gewichtigen Akzent.

90
Das Flaggschiff der Oberweser-Dampfschiff-fahrt, hier um 1965 am Anleger, war lange der Raddampfer „Kaiser Wilhelm“, der 1900 seinen Dienst als Salondampfer auf der Oberweser aufnahm. Seit 1970 fährt er als Museumsschiff auf der Elbe.

91
Den alten Anleger ziert ein schmuckes Fachwerkhaus mit gemütlichem Walmdach – 1945 wurde es zerstört. Der Blick vom linken Weserufer zeigt außerdem rechts die langgestreckten und ragenden Gebäude der Strafanstalt.

92
Raddampfer „Kaiser Wilhelm“ hat abgelegt und stampft vollbesetzt weseraufwärts. Hinter der Kaimauer ragen die Gebäude der Strafanstalt auf, rechts davon erhebt sich die Wesermühle.

93 ▷
Wenn auch durch Flußbauten und Wasserverschmutzung schon lange keine Lachse mehr in der Weser aufsteigen, so wird doch heute noch der Aalfang von Hamelner Berufs- und Sportfischern betrieben.

94 ▷
Weit bis in die sechziger Jahre hinein war das Gewerbe der Weserflößer lebendig: In den waldreichen Revieren wurde das ufernah geschlagene Holz zu mächtigen Flößen gebunden und in tagelanger, beschwerlicher Fahrt auf dem Wasserwege in die Unterweserhäfen transportiert, wo es verkauft werden konnte.

95
Als die festen Brücken noch nicht in ausreichender Zahl zur Verfügung standen, mußten die Fährleute, denen heute nur noch hier und da das alte „Hol über!" zugerufen wird, den Wanderer übersetzen. Die Hochseilfähre „Hameln" unterhalb der 1951 eröffneten Jugendherberge versah diesen Dienst noch bis in die jüngste Vergangenheit hinein.

96/97 ▷
Als man sich in der Weser noch ohne Furcht vor gesundheitlichen Schäden tummeln konnte, gab es zu diesem Behufe einige Flußbadeanstalten – am Weserbogen (oben) oder vor der Kulisse der Wesermühlen.

98/99/100
Auch Tönebõns Teiche (oben und rechte Seite oben) luden zur sommerlichen Erfrischung ein, ebenso das Wittekind-Bad.

101
Das Weserhochwasser machte der Stadt bis in die Gegenwart hinein zu schaffen. 1926 konnte die Thietorstraße mit dem Paddelboot befahren werden.

102
1946 hatte die Weser den Breiten Weg in eine Wasserstraße verwandelt.

103
An der Uferstraße links der Weser stand das „Salzfaß", ein eigentümliches Gebäude mit spitzem Kegeldach. Es war ein 1833 errichteter Kalkofen, in dem lange Baustoffproduktion betrieben wurde. 1974 stand es der neuen Hochstraße im Wege und wurde abgebrochen.

104
Die Ausfallstraße links der Weser begann am Brückenkopf. Die Anlage der Hochstraße im Zuge der neuen Weserbrücke hat das Gesicht dieser Gegend sehr verändert. So verschwand auch das merkwürdige mehrgeschossige Wohnhaus, das im Volksmund „Badehose“ genannt wurde.

105
Auch das Café-Restaurant „Hansa“ von Hermann Schlemmer am Brückenkopf 5 gehört der Vergangenheit an.

106
Noch 1935 bot sich den von Bad Pyrmont, Paderborn oder Kassel kommenden Reisenden der Brückenkopf als breite Straßenanlage mit Grünstreifen – und als Blickfang, jenseits des Flusses: die Münsterkirche.

107
Ohne den Wegweiser, der die Fahrtrichtungen Bad Pyrmont, Paderborn, Kassel einerseits, Hildesheim, Hannover, Minden andererseits angibt, würde die Kreuzung Brückenkopf–Breiter Weg–Pyrmonter Straße wie eine Vorortwohnstraße wirken – damals …

108
Die Pyrmonter Straße erschien in den dreißiger Jahren noch als reine Idylle ...

109
... doch auch hier forderte der ständig wachsende Verkehr beträchtliche Opfer: Alter Baumbestand mußte der sich verbreiternden Straße weichen!

110
Wie eine Parkstraße zeigte sich auch die stadtauswärtsführende Klütstraße in den dreißiger Jahren.

111
Der Klütbahnhof war die letzte Station der Bahnlinie Hameln–Lage, bevor der Zug in dem 1896 erbauten Tunnel verschwand; 316 m lang ist die Strecke unter dem Klüt.

112
Vom Restaurant „Felsenkeller“ schweifte der Blick über die von der Eisenbahnbrücke überspannte Weser – hier mit Motorschiff „Lachs“, das 1924 gebaut wurde –, die Flußbadeanstalt und die Industrieanlagen am Hafen. Das gern besuchte Restaurant wurde um 1965 abgerissen.

113 ▷
Frühling am Berliner Platz – das romantische Häuschen, das noch aus der Gartenzeit der Gegend hinter der Eisenbahn stammte, verschwand 1974.

114
Der „Café-Pavillon von F. Quent", Bahnhofstraße 34, war ein beliebtes Tanz-Café der Tango-Zeit.

115
Der prächtige Baumbestand der Straßen, Alleen und Plätze ließ immer wieder den Eindruck einer Gartenstadt entstehen; selbst das nüchterne Bahnhofsgebäude wirkt schloßartig – im Winter 1938/39...

116
… und im Sommer 1940 scheint der Weg direkt vom Bahnhofsplatz in die Klütwälder zu führen.

117
Schon bald aber läßt der Bahnhofsplatz, hier noch bewacht von zwei Kiosken mit Pyramidendachhelmen, den wachsenden Anspruch des Busverkehrs auf mehr Freiraum erkennen.

118
Ein Schläfchen in Ehren – dem wackeren Dienstmann blieb Zeit genug dafür, so groß waren die Pausen zwischen den Zügen.

119
Wo heute der Blick vom Kastanienwall ungehindert in die Heiliggeiststraße und hinüber zum Rattenfängerhaus schweifen kann, duckte sich noch um 1970 das Gebäude einer Kohlenhandlung mit Fahrzeugwaage.

120
Nur die Garnisonkirche ganz links im Bild gibt hier Orientierungshilfe: So sah die Deisterallee mit Einmündung der Ringstraße aus, als der Verkehr noch keine bedeutende Rolle spielte.

121
Wer vom Ostertor stadtauswärts blickte, hatte den Eindruck, in einen Park zu schauen …

122
… immer mehr aber wachsen Neubauten und Verkehrsdichte: Der Blick vom ehemaligen BHW-Gebäude um 1970 zeigt den Rathausplatz als Parkgelegenheit. In der Mitte rechts erhebt sich der Neubau des Niemeyer-Verlages, im Hintergrund macht sich die Industrie bemerkbar.

123
Ende der fünfziger Jahre bot sich, die Deisterallee entlang, dieser Blick: Die doppelten Baumreihen betonen die „Allee“, Thiemanns Hotel und die Garnisonkirche markieren das Ostertor, das „Capitol“ wirbt mit weithin sichtbaren Lettern – nur der Turm der Marktkirche, in den letzten Kriegstagen des Jahres 1945 zerschossen, fehlt noch.

124
Jenseits der alten Wallstraßen wächst die „neue" Stadt: Der Hauptgiebel des Bankgebäudes am Kastanienwall ist eine der vielen Neuaufnahmen der alten Renaissance-Bauformen; an der Stelle des heutigen Bürgergartens umrundete bis 1961 die Aschenbahn die weite Fläche des Deister-Stadions; in der Bildmitte links versteckt sich das Studiogebäude des weit über die Landesgrenzen bekannten Kunstkreises, das 1957 von Professor Oesterlen gebaut wurde.

125/126
Auch auf dem Exerzierplatz der Scharnhorst-Kaserne wurde „König Fußball“ gehuldigt (1934/35).

127/128
In den Jahren 1927/28 wurde auf dem Gelände der früheren Banneitzschen Ziegelei im Osten der Stadt ein Klinkerwerk errichtet; hier wurde vor allem Baukeramik produziert. Das Bild oben zeugt vom fröhlichen Richtfest.

129
Die Architekten des Kreissparkassen-Hauses am Pferdemarkt, Röpe und Sassenhausen, bauten auch die Fabrikgebäude der Teppichfirma Bessert-Nettelbeck & Mertens, die 1982 abgerissen wurden.

130/131
Der Mertensplatz – um 1940 – zeigt durchweg moderne Bebauung; das alte Torschreiberhaus an der Erichstraße (unten) mußte dem Straßenausbau weichen.

132
Auch die Erichstraße vermittelte vor dem Ausbau mehr den Eindruck einer Parkallee als den einer Ausfallstraße.

133
In alle Himmelsrichtungen weitete sich die Stadt aus: Die Kurrende, der Hamelner Knabenchor, mußte 1950 weit marschieren, um am Wehler Weg zu singen.

134
Im Süden schickt sich die Stadt an, die Klüthänge hochzuklettern ...

◁ 135/136
Sprengerstraße (oben, 1938/40) und Basbergstraße (unten um 1940) sind Neubaugebiete, die damals noch viele Freiflächen aufwiesen.

137/138
Eines der vielen und gern besuchten Ausflugslokale mit Kaffeegarten war das Restaurant „Zur Höhe" an der Holtenser Landstraße (unten). Das Foto zeigt den Zustand um 1935. 1949 wurde hier ein Kreisaltenheim eingerichtet.

139
Ein weiteres Neubaugebiet war der Ohrberg; durch Siedlungs- und Einzelhausbebauung wurde Klein Berkel „groß“…

140
Die „gute alte Zeit", von der dieses Bild zu künden scheint, war zwar auch nicht besser als andere Zeiten, aber sicher geruhsamer: Wo früher die Wasserholerin auf stiller Straße an der Wangelister Kapelle vorüberwanderte, braust heute der Autoverkehr einer Bundesstraße.

Bildverzeichnis